Walther Ziegler

Smith
in 60 Minuten

Dank an Rudolf Aichner für seine unermüdliche und kritische Redigierung,
Silke Ruthenberg für die feine Grafik, Angela Schumitz, Lydia Pointvogl, Eva Amberger,
Christiane Hüttner, Dr. Martin Engler für das Lektorat
und Dank an Prof. Guntram Knapp, der mich für die Philosophie begeistert hat.

Nicht vom Wohlwollen des Metzgers, Brauers und Bäckers erwarten wir das, was wir zum essen brauchen, sondern davon, dass sie ihre eigenen Interessen wahrnehmen. [1]

Bibliografische Information der Deutschen Nationalbibliothek:
Die Deutsche Nationalbibliothek verzeichnet diese Publikation in der Deutschen Nationalbibliografie; detaillierte bibliografische Daten sind im Internet über www.dnb.de abrufbar.

© 2015 Dr. Walther Ziegler
2. Auflage Juli 2015
Umschlaggestaltung und Grafik des gesamten Buches: Silke Ruthenberg
unter Verwendung von Illustrationen von:
Raphael Bräsecke, Creactive – Atelier für Werbung, Comic & Illustration (Zeichnungen)
© JackF - Fotolia.com (Bilderrahmen)
© Valerie Potapova - Fotolia.com (Bilderrahmen)
© Svetlana Gryankina - Fotolia.com (Sprechblasen)
Herstellung und Verlag:
BoD – Books on Demand, Norderstedt
ISBN: 978-3-7347-8157-5

Inhalt

Die große Entdeckung von Smith ... 7

Der Kerngedanke von Smith ... 12

   Die vier Epochen der Geschichte ... 12

   Die Arbeitsteilung ... 22

   Der Freihandel ... 29

   Das freie Spiel von Angebot und Nachfrage ... 37

   Die unsichtbare Hand ... 43

   Die Aufgaben des Staates ... 55

   Steuern als Umverteilungsinstrument ... 62

Was nützt uns die Entdeckung von Smith heute? ... 65

   Die große Vision des Adam Smith – Wohlstand für alle! ... 65

   Das System der natürlichen Freiheit – die Warnung vor der Planwirtschaft ... 71

   Globale Wirtschaftskrisen – das Ende der unsichtbaren Hand? ... 77

   Vom Nachtwächter- zum Sozialstaat – das Erbe von Adam Smith ... 84

Zitatverzeichnis ... 89

Die große Entdeckung von Smith

Ausgerechnet ein schottischer Moralphilosoph ist der geistige Urvater des Kapitalismus. Adam Smith hat 1776 als Erster das Grundprinzip der Marktwirtschaft erkannt und beschrieben. Sein Hauptwerk „Der Wohlstand der Nationen" gilt noch heute als die Bibel des Kapitalismus. Und tatsächlich war es nach der Heiligen Schrift zehn Jahre lang das meist übersetzte Buch der Erde.

Mit seinem fast neunhundert Seiten starken Werk wird Adam Smith (1723-1790) über Nacht zum Begründer einer neuen Wissenschaft, der Nationalökonomie, oder wie wir heute sagen, der Volkswirtschaftslehre. Er beschrieb erstmals den zentralen Mechanismus des Kapitalismus und generierte die Zauberformel vom freien Spiel von Angebot und Nachfrage. Seine Theorie der „unsichtbaren Hand" ging wie ein Lauffeuer um die ganze Welt und ist bis heute das Herzstück des kapitalistischen Marktmodells.

Die große Leistung von Smith war aber keineswegs nur die exakte Beschreibung der Funktionsweise des Kapitalismus. Er lieferte darüber hinaus auch noch die philosophische Begründung, warum die freie Marktwirtschaft die beste aller möglichen Wirtschaftsformen ist. Seine Erklärung ist ebenso einfach wie verblüffend. Jeder Mensch, so Smith, ist von Natur aus egoistisch und versucht erst einmal seine eigenen Interessen zu verwirklichen. Und genau dieser allzumenschlichen Naturanlage, man könnte auch sagen, diesem natürlichen Trieb, kommt die freie Marktwirtschaft entgegen, indem sie jedem die Chance gibt, seinen Wohlstand zu vermehren. Indem jeder fleißig daran arbeitet, seine eigene Lebensqualität zu steigern, fördert er – ohne es zu wollen – indirekt auch das Wohl der Allgemeinheit:

[...] ja gerade dadurch, dass er das eigene Interesse verfolgt, fördert er häufig das der Gesellschaft nachhaltiger, als wenn er wirklich beabsichtigt, es zu tun.[2]

Die große Entdeckung von Smith

Der kapitalistische Produktionsprozess verwandelt also, so Smith, wie von einer „unsichtbaren Hand" geleitet das Profitinteresse der Unternehmer am Ende in das Wohlergehen aller. Die vielen konkurrierenden Produzenten haben zwar eigentlich nur ihren Profit im Kopf, sorgen aber in ihrer Gesamtheit dafür, dass immer genügend Waren zu günstigen Preisen im Supermarktregal liegen. Man muss dazu lediglich den wirtschaftenden Individuen freie Hand lassen. Deshalb forderte Smith die Abschaffung aller Zölle und Zunftzwänge und wurde so zum Wegbereiter des heutigen globalen Wirtschaftsliberalismus:

> Grundsätzlich kann man sagen, je freier und umfassender der Wettbewerb ist, um so mehr Vorteile hat die Öffentlichkeit von jedem Gewerbe oder von jeder Arbeitsteilung.[3]

Sein Plädoyer für den freien und umfassenden Wettbewerb ist um so erstaunlicher, als er in Schottland als Sohn eines Zöllners zur Welt gekommen war. Doch der sprichwörtliche Geiz der Schotten und der Beruf seines Vaters scheinen ihn nicht geprägt zu haben. Im Gegenteil – er war seiner Zeit weit voraus und hoffte, dass nach der Abschaffung der Zölle der globale Freihandel und die entfesselte kapitalistische Produktionsweise im Laufe der Zeit den Wohlstand aller Bürger sichern würden:

Und dieses ungeheure Anwachsen der Produktion [...] führt in einem gut regierten Staat zu allgemeinem Wohlstand, der selbst in den untersten Schichten der Bevölkerung spürbar wird.⁴

Smith erkannte als Erster die ungeheure Sprengkraft der Industrialisierung. Mit seiner Beschreibung und Rechtfertigung des Kapitalismus schuf er das ökonomische und ideelle Fundament der gesamten westlichen Welt. Selbst Gegner und Kritiker von Smith gestehen ihm diese bahnbrechende Leistung zu. So schreibt der Sozialwissenschaftler Schumpeter, „Der Wohlstand der Nationen" sei das „erfolgreichste Buch der Wirtschaftswissenschaft, bzw. mit der möglichen Ausnahme von Darwins Origin of Species, das erfolgreichste wissenschaftliche Werk, das bis auf den heutigen Tag veröffentlicht wurde." [5]

Konzernchefs, Topmanager und Spitzenpolitiker kennen seinen Inhalt in der Regel sehr genau. Die ehemalige britische Premierministerin Margeret Thatcher, die als „eiserne Lady" in die Geschichte einging, zwang sogar die Minister ihres Kabinetts, den „Wohlstand der Nationen" komplett zu lesen, und kontrollierte dies in eigenen Gesprächsrunden. Wirtschaftspolitische Eliten kennen also Adam Smith. Im Grunde aber sollte jeder Mensch, der in der Marktwirtschaft lebt – und das tun wir heute fast alle – mit dem Kerngedanken von Smith vertraut sein. Der Mechanismus der „unsichtbaren Hand" und das „freie Spiel von Angebot und Nachfrage" sind nämlich mehr als bloße Theorie. Sie sind die Herzkammer der kapitalistischen Welt. Es ist unumgänglich, die wirtschaftliche und philosophische Grundlage der Gesellschaftsordnung zu kennen, in der wir leben und – aller Wahrscheinlichkeit nach – auch unser ganzes Leben verbringen werden.

Funktioniert die „unsichtbare Hand"? Gibt es tatsächlich eine Verwandlung egoistischer Energie in gesellschaftlichen Wohlstand? Kann man wirklich der Wirtschaft freien Lauf lassen? Adam Smith gibt überzeugende Antworten.

Der Kerngedanke von Smith

Die vier Epochen der Geschichte

Gleich zu Beginn seines Werkes unternimmt Smith den ehrgeizigen Versuch, die gesamte Weltgeschichte in einem Kapitel abzuhandeln. Er unterscheidet vier Epochen der Menschheitsgeschichte: die Jagd, das Hirtentum, den Ackerbau und sein eigenes Zeitalter, das des Handels und der Industrie. Der Motor der Geschichte ist dabei immer das Eigeninteresse oder wie Smith sagt, das Streben nach persönlichem Wohlstand. Denn dieses ist angeboren und zeichnet den Menschen wesenhaft aus. Wir sind nach Smith von dem Wunsch getrieben, unsere Lebensbedingungen zu sichern und zu verbessern:

[...] ein Verlangen, das uns [...] ein ganzes Leben lang begleitet, von der Geburt bis zum Tode.[6]

Er macht also eine klare Grundaussage: Der Mensch ist von seinem ganzen Wesen her ein Egoist. Aber

Der Kerngedanke von Smith

das ist laut Smith nicht weiter schlimm, sondern im Gegenteil die eigentliche Quelle jeden Fortschritts. Denn, so Smith, „die Freuden, welche Wohlstand und hoher Rang bieten", erscheinen den Menschen als etwas so „Großes und Schönes", dass ihre Erlangung ihnen „alle die Mühen wert ist."[7] Der Mensch nimmt also für die Aussicht auf Wohlstand große Mühen und Risiken auf sich. Am Ende ist die Freude über den persönlichen Gewinn oft gar nicht so groß, doch der jahrelange Einsatz und Fleiß hat indirekt die Lebensbedingungen der Allgemeinheit verbessert:

> Und es ist gut, dass die Natur uns in dieser Weise betrügt. Denn die Täuschung ist es, was den Fleiß der Menschen erweckt [...]. Sie ist es, was sie dazu antreibt, den Boden zu bearbeiten, Häuser zu bauen, Städte und staatliche Gemeinwesen zu gründen, alle die Wissenschaften und Künste zu erfinden und auszubilden, die das menschliche Leben veredeln und verschönern, die das Antlitz des Erdballs durchaus verändert haben, die rauen Urwälder in angenehme und fruchtbare Ebenen verwandelt und das pfadlose, öde Weltmeer [...] zu der großen Heerstrasse des Verkehrs gemacht haben, welche die verschiedenen Nationen der Erde untereinander verbindet.[8]

Das Motiv für den geschichtlichen Fortschritt und die Zivilisierung der Erde ist also das Eigeninteresse. Die erste und unterste Entwicklungsstufe ist dabei das Zeitalter der Jäger und Sammler. Der Einzelne erwirbt seinen Lebensunterhalt, indem er auf die Jagd geht und die Früchte des Bodens aufliest. Im Jäger- und Sammlerzeitalter gibt es kein Eigentum. Tiere werden gemeinsam erlegt und danach mit allen geteilt. Ein Beispiel für eine hochentwickelte Jagdkultur sind nach Smith die Indianer Nordamerikas, die immer den Bisonherden hinterherziehen. Bei diesen kann es noch keine große Anhäufung von Eigentum geben, denn jeder Indianer muss sein Zelt und seine Habseligkeiten in einer Pferdeschleppe mitnehmen können. Es herrscht somit große Gleichheit unter den Menschen. In dieser Phase gibt es nicht mal eine Regierung, denn so Smith:

Wo es jedoch kein Privateigentum gibt [...] ist eine zivile Behörde nicht nötig. [9]

Der Kerngedanke von Smith

Das zweite große Zeitalter ist die Epoche der Hirten und Viehzüchter. Die Menschen haben herausgefunden, dass es bequemer ist, Tiere zu züchten, als ihnen in der Wildnis nachzustellen. Der Lebensunterhalt wird jetzt durch die Domestizierung von Tieren erwirtschaftet. Es gibt Eigentum an Kamelen, Schafen, Rindern und anderen Nutztieren. Eine richtige Regierung existiert aber immer noch nicht.

Die finden wir zum ersten Mal im darauffolgenden dritten Zeitalter, der Epoche des Ackerbaus. Der Grund liegt nach Smith darin, dass jetzt der Lebensunterhalt durch die Bebauung der Äcker gewonnen wird und somit ganze Landstriche eingezäunt werden. Es entsteht Eigentum an Grund und Boden und somit eine einseitige und totale Abhängigkeit. Wer nämlich nichts besitzt, hat es schwer.

Die Sklaven, Knechte, Leibeigenen und Lehenbauern sind nicht nur materiell abhängig und müssen Arbeits- und Frondienste leisten, sie sind auch schollengebunden, dürfen also nicht weiterziehen und müssen sogar bei Eheschließungen den Gutsherren um Erlaubnis fragen. Diese einseitige Abhängigkeit hat laut Smith zu einer Stagnation der Produktion geführt:

> Jemand, der kein eigenes Eigentum erwerben kann, kann auch kein anderes Interesse haben, als möglichst viel zu essen und so wenig wie möglich zu arbeiten.[10]

Man sieht auch hier, dass Smith das Eigeninteresse für die stärkste Triebfeder des Menschen hält. Da der Mensch egoistisch ist und stets seinen Vorteil sucht, arbeitet er natürlich als Knecht oder Sklave so wenig wie möglich. Würde er mehr arbeiten, hätte er nichts davon, da er die gesamte Ernte ohnehin dem Gutsbesitzer abtreten muss. Auch wird er zunehmend unzufrieden über dessen Anhäufung von Reichtümern:

> Ein solcher Reichtum der Besitzenden reizt zur Empörung der Besitzlosen, die häufig durch Not gezwungen und von Neid getrieben, sich deren Eigentum aneignen.[11]

Der Kerngedanke von Smith

Zudem sind die Leibeigenen und Bauern auf dieser historischen Stufe auch rechtlich abhängig, da der adelige Feudalherr zugleich Richter und Gesetzgeber ist. Diese feudalistische Gesellschaft braucht deshalb erstmals in der Geschichte eine Regierung und zivile Behörden, weil die Ungleichheit sonst, so Smith, nicht erzwungen werden könnte:

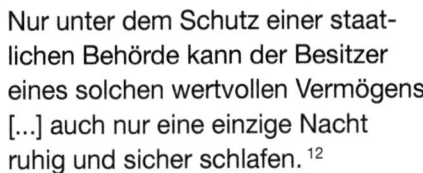

> Nur unter dem Schutz einer staatlichen Behörde kann der Besitzer eines solchen wertvollen Vermögens [...] auch nur eine einzige Nacht ruhig und sicher schlafen. [12]

Der Staat wird also von Smith ähnlich wie später von Marx in seinem Ursprung als ein Instrument der Herrschenden zur Aufrechterhaltung der Ungleichheit gesehen. Das alles ändert sich aber auf der nächsten Stufe.

Jetzt kommt eine unerwartete Wende in der Menschheitsgeschichte, nämlich der Übergang zu unserem modernen Industriezeitalter. Smith spricht hier von einem revolutionären Wandel, wörtlich von der „großen Revolution". Er vertritt die These, dass es im Grunde nur eine wirkliche Revolution gab und das war keine politische, sondern eine „industrielle Revolution". Denn Revolution kommt vom lateinischen Wort „revoluere", also umwenden, von unten nach oben kehren, umwandeln. Und tatsächlich hat sich in der Geschichte nie zuvor in so kurzer Zeit das Leben der Menschen so grundlegend verändert wie beim Übergang von der Ackerbau- zur Industriegesellschaft.

Die modernen Industriearbeiter sind nicht mehr, wie noch die Bauern, abhängig von den Jahreszeiten, ja nicht einmal vom Rhythmus von Tag und Nacht. Dank Lebensmittelkonserven und neuer Transportwege kann man das ganze Jahr über Dinge essen, die es früher nur zu bestimmten Jahreszeiten gab. Die Großfamilien lösen sich auf. Immer mehr Menschen leben in der Stadt. Aber vor allem, und das ist für Smith ein entscheidender Unterschied, wird der Lebensunterhalt jetzt durch Tausch von Waren gegen Geld bestritten. Und dieses Geld kommt entweder aus einer Rente, aus Kapitaleinsatz oder dem Verkauf der eigenen Arbeitskraft.

Jeder ist jetzt Eigentümer, sogar ein Habenichts.

Der Kerngedanke von Smith

Denn in der Industriegesellschaft ist auch ein Mensch, der keinerlei Kapital und Land besitzt, zumindest noch Eigentümer seiner Arbeitskraft. Er kann diese meistbietend am Markt verkaufen. Smith feiert dies als eine ganz große Errungenschaft:

Das Eigentum, das jeder Mensch an seiner Arbeit besitzt, ist in höchstem Maße heilig und unverletzlich, weil es im Ursprung alles andere Eigentum begründet. [13]

Die Arbeiter in der Fabrik und auch die Landarbeiter sind nicht mehr wie im Mittelalter schollengebunden und Sklaven des Feudalherren, der sie mit Naturalien am Leben hält, sondern sie können sich frei bewegen und sogar mit ihrem Lohn eigenes Kapital ansparen, nach Amerika auswandern oder selbst ein eigenes Geschäft eröffnen. Auch wenn die Mobilität zu Zeiten von Adam Smith noch gering war, tritt an die Stelle der einseitigen Abhängigkeit der Feudalgesellschaft unaufhaltsam die gegenseitige Abhängigkeit der Industriegesellschaft. Der Fabrikbesitzer ist davon abhängig, dass ihm Arbeiter ihre Arbeitskraft verkaufen, Zulieferer Rohstoffe beschaffen und Händler, Kaufleute und Bürger ihm am Ende die Produkte abkaufen.

Und diese gegenseitige ökonomische Abhängigkeit der entwickelten Markt- und Tauschgesellschaft führt nach Smith zu größerer persönlicher Freiheit und am Ende zur Rechtsgleichheit. Wie später bei Karl Marx folgt laut Smith dem materiellen Wandel der Produktion zwangsweise ein sozialer Wandel. Nicht mehr nur die Großbürger, sondern auch die Arbeiter, so prophezeite Smith, würden aufgrund ihrer wichtigen Rolle im Wirtschaftsleben in den industrialisierten Ländern über kurz oder lang auf politische Macht und allgemeine freie Wahlen drängen. Hundert Jahre später geschah genau das in den meisten europäischen Ländern. Insbesondere aber, so Smith, werden im Laufe des Wandels zur Industriegesellschaft auch die engen Bande des Zunftwesens gesprengt. Früher konnte der Sohn des Schmieds wieder nur Schmied werden, der Sohn des Bäckers wieder nur Bäcker und der Sohn des Knechtes blieb lebenslang ein Knecht. In der modernen arbeitsteiligen Gesellschaft aber, so

Der Kerngedanke von Smith

sagte Smith voraus, würden das Zunftwesen und alle mittelalterlichen Hemmnisse über kurz oder lang hinweggefegt werden. Auch mit dieser Prognose hatte er recht.

Man muss sich vor Augen halten, dass Smith noch ganz zu Beginn der industriellen Revolution lebte. Es gab gerade mal die ersten Baumwollspinnereien und die ersten Manufakturen. Die Dampfmaschine war zwar schon erfunden, aber Eisenbahnen fuhren noch nicht. Dennoch erkannte Smith bereits damals die ungeheure Sprengkraft der neuen Produktionsweise. Die Industriegesellschaft ist nach der Jagd-, Viehzüchter- und Agrargesellschaft die vierte und höchste Stufe der Menschheitsentwicklung. Erstmals besteht nun im Gefolge der Industrialisierung die historische Chance auf die Wohlfahrt des ganzen Volkes und am Ende – so die große Vision von Smith – der ganzen Menschheit. Sein berühmt gewordenes Buch trägt nicht zuletzt deshalb den Titel: „The Wealth of Nations", zu deutsch, „Der Wohlstand der Nationen".

Die Arbeitsteilung

Ein Grund für seine optimistische Prognose ist die zu seiner Zeit einsetzende Arbeitsteilung. Smith zeigt die enorme Effizienz der neuen industriellen Produktion an seinem berühmt gewordenen Stecknadelbeispiel:

> Ein Arbeiter [...] könnte, selbst wenn er fleißig ist, täglich höchstens eine, sicherlich aber keine zwanzig Nadeln herstellen. Aber so, wie die Herstellung von Stecknadeln heute betrieben wird [...] zerfällt sie vielmehr in eine Reihe getrennter Arbeitsgänge, die zumeist zur fachlichen Spezialisierung geführt haben. [14]

Hatte früher ein Arbeiter eine einzelne Nadel vom Anfang bis zum Ende alleine geformt und geschmiedet, den Kopf aufgesetzt usw., so übernimmt er jetzt nur noch einen sehr kleinen Teil der Herstellung und gibt das Teilprodukt dann an andere Arbeiter weiter:

Der Kerngedanke von Smith

> Der eine Arbeiter zieht den Draht, der andere streckt ihn, ein dritter schneidet ihn, ein vierter spitzt ihn zu, ein fünfter schleift das obere Ende, damit der Kopf aufgesetzt werden kann. Auch die Herstellung des Kopfes erfordert zwei oder drei getrennte Arbeitsgänge. Das Ansetzen des Kopfes ist eine eigene Tätigkeit, ebenso das Weißglühen der Nadel, ja selbst das Verpacken der Nadeln ist eine Arbeit für sich [...].[15]

Adam Smith selbst hatte eine solche Fabrik besucht, in der zehn Männer beschäftigt waren und jeder auf einen Arbeitsgang spezialisiert war. Er beobachtete, mit welchem Tempo der eine tausendmal in der Stunde immer nur den Draht zog, der nächste den Kopf aufsetzte, der übernächste das Ganze heißglühte und verschmolz. Am Ende stellte er eine sensationelle Steigerung der Produktivität fest:

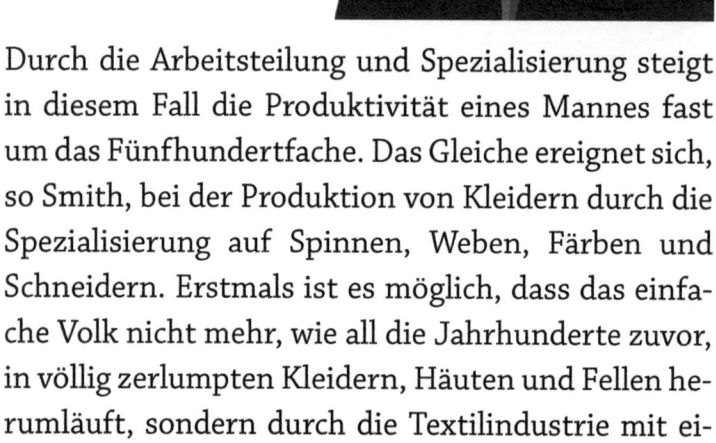

> So waren die 10 Arbeiter imstande, täglich etwa 48.000 Nadeln herzustellen, jeder also ungefähr 4800 Stück. Hätten sie indes alle einzeln und unabhängig voneinander gearbeitet, [...] so hätte der Einzelne gewiss nicht einmal 20, vielleicht sogar keine einzige Nadel zustande gebracht. [16]

Durch die Arbeitsteilung und Spezialisierung steigt in diesem Fall die Produktivität eines Mannes fast um das Fünfhundertfache. Das Gleiche ereignet sich, so Smith, bei der Produktion von Kleidern durch die Spezialisierung auf Spinnen, Weben, Färben und Schneidern. Erstmals ist es möglich, dass das einfache Volk nicht mehr, wie all die Jahrhunderte zuvor, in völlig zerlumpten Kleidern, Häuten und Fellen herumläuft, sondern durch die Textilindustrie mit einem gigantischen Kleiderangebot versorgt wird. Der äußere Unterschied zwischen Arm und Reich wird, so Smith, im Gefolge der Industrialisierung ganz verschwinden. Auch hier war Smith ein Visionär. Wenn man heute in die Fußgängerzonen europäischer Großstädte geht, erkennt man die Einkommensunterschiede nicht mehr am äußeren Erscheinungsbild der Menschen, wie dies noch in der Antike, im Mittelalter und der frühen Neuzeit der Fall gewesen war.

Die Arbeitsteilung bringt laut Smith die Menschen im industriellen Zeitalter in eine hochgradige gegenseitige Abhängigkeit, da jeder einzelne eine spezialisierte Tätigkeit ausübt und nur noch den Teil eines Produktes selbst herstellen kann. Ein Architekt beispielsweise kann zwar allein Häuser entwerfen, benötigt dazu aber von anderen Herstellern Zeichenpapier, Stifte, Lineale, Kleider, Nahrung und ein Fahrzeug. Und wenn er das geplante Haus dann baut, benötigt er wiederum einen Ingenieur, der die Statik berechnet, Maurer, Zimmerleute, Dachdecker und Elektriker, die seine Pläne in die Tat umsetzen können. Nur die Tiere, schreibt Smith, und vielleicht die ersten wilden Urmenschen waren noch echte Selbstversorger, die ihre Behausung und Nahrungsmittel selbst erzeugen konnten:

> Fast jedes Tier ist völlig unabhängig und selbständig, sobald es ausgewachsen ist [...]. Dagegen ist der Mensch fast immer auf Hilfe angewiesen, wobei er jedoch kaum erwarten kann, dass er sie allein durch das Wohlwollen der Mitmenschen erhalten wird. [17]

Auch an dieser Stelle bekräftigt Smith sein Menschenbild vom egoistischen Individuum, das primär von der Eigenliebe geleitet wird. Wir können nämlich nicht – obwohl wir auf die Mithilfe anderer angewiesen sind – einfach mit deren Wohlwollen und Liebe rechnen. Wenn wir beispielsweise große Lust auf Tomaten haben, selbst aber in der Stadt arbeiten und keinen eigenen Gemüsegarten besitzen, wird uns der Bauer diese kaum aus purer Freundlichkeit zukommen lassen. Anstatt an das Mitgefühl zu appellieren, ist es für den Menschen erfolgversprechender, sein eigenes Interesse in der Weise zu verfolgen, dass er die Eigenliebe der anderen respektiert und in seine Überlegungen einbezieht:

Der Kerngedanke von Smith

> Er wird sein Ziel wahrscheinlich viel eher erreichen, wenn er deren Eigenliebe zu seinen Gunsten zu nutzen versteht, indem er ihnen zeigt, dass es in ihrem eigenen Interesse liegt, das für ihn zu tun, was er von ihnen wünscht [...]. [18]

Wie aber bringt man die anderen dazu, das zu tun, was man sich von ihnen wünscht? Und wie kann es im Interesse des anderen liegen, ausgerechnet mir etwas Gutes zu tun? Smiths Antwort ist ebenso einfach wie überzeugend: mit Geld. Durch die Bezahlung hat jeder noch so egoistische Mitbürger ein großes Interesse daran, mir das zu geben, was ich gerade benötige:

> Nicht vom Wohlwollen des Metzgers, Brauers und Bäckers erwarten wir das, was wir zum essen brauchen, sondern davon, dass sie ihre eigenen Interessen wahrnehmen. [19]

Um so frischer, knuspriger und preiswerter die Semmeln des Bäckers sind, um so mehr wird er verkaufen. Nicht das Mitgefühl, sondern die Eigenliebe gebietet also dem Bäcker, sein Bestes für unser Wohl zu geben.

Der Freihandel

Und weil es im ureigensten Interesse eines jeden liegt, die Produkte herzustellen, die er am besten herstellen kann und andere Produkte dafür einzutauschen, ist die Arbeitsteilung und der Tauschhandel die Quelle allen Reichtums und Wohlstandes:

> Ein Familienvater, der weitsichtig handelt, folgt dem Grundsatz, niemals selbst etwas herzustellen zu versuchen, was er sonstwo billiger kaufen kann. So sucht der Schneider, seine Schuhe nicht selbst zu machen, sondern kauft sie vielmehr vom Schuhmacher. Dieser wiederum wird nicht eigenhändig seine Kleider nähen [...]. [20]

Dasselbe gilt für die anderen Berufe:

> Auch der Bauer versucht sich weder an dem einen noch an dem anderen, er kauft beides jeweils vom Handwerker. Alle finden, dass es im eigenen Interesse liegt, ihren Erwerb uneingeschränkt auf das Gebiet zu verlegen, auf dem sie ihren Nachbarn überlegen sind, und den übrigen Bedarf [...] zu kaufen. [21]

In der Regel lohnt es sich immer, auf die Arbeitsteilung zu setzen. Und das lohnt sich nicht nur für Individuen, sondern, so Smith, auch für Staaten:

> Was aber vernünftig im Verhalten einer einzelnen Familie ist, kann für ein mächtiges Königreich kaum töricht sein. [22]

Der Kerngedanke von Smith

Wenn eine Ware in einem Staat besser und günstiger produziert werden kann als in einem anderen, sollte man die Ware auch dort kaufen. Deshalb sind Einfuhrzölle sowie jede Art protektionistische Politik von Nationalstaaten unsinnig. Man versucht dadurch die Einfuhr von fremden Waren zu verhindern, um die eigene Wirtschaft zu stärken, aber letztlich erreicht man genau das Gegenteil. In jedem Fall schwächt man den eigenen Wohlstand. Adam Smith erklärt dies eindringlich am Beispiel des englischen Rotweins.

Man kann tatsächlich auch im kalten Britannien mit viel Mühe Burgundertrauben ziehen. Wenn man die Reben nämlich direkt an eine Ziegelmauer pflanzt, so wird an Sonnentagen die gespeicherte Wärme abends an die Reben abgegeben. Auch kann man Gewächshäuser bauen und den Wein mit sehr viel Pferdemist düngen.

Letztlich aber, so Smith, bedarf die Gewinnung von Rotwein in England des dreißigfachen Aufwandes an Zeit und Kraft, als wenn man ihn von den Franzosen kaufen würde. Es würde daher überhaupt keinen Sinn machen, mit hohen Zöllen den französischen Rotwein außer Landes zu halten, um die eigene Weinproduktion zu schützen. Denn selbst wenn dies gelänge, wäre der britische Rotwein am Ende so teuer, dass beispielsweise ein englischer Handwerker, der Beißzangen herstellt, 10 Beißzangen verkaufen müsste, um mit dem Erlös eine einzige Flasche englischen Rotweins erwerben zu können.

Normalerweise bekäme er für den Verkaufswert von 10 Beißzangen 30 Flaschen französischen Rotwein. Außerdem würden die Franzosen als Antwort auf die Rotweinzölle der Engländer deren Beißzangen ihrerseits mit Zöllen belegen und aus Trotz mit dreißigfachem Einsatz an Zeit und Kraft eigene Beißzangen herstellen, obwohl Frankreich nicht über entsprechend gute Eisenerze verfügt. Die Menschen beider Nationen würden durch solch merkantilistische Schutzzölle am Ende das dreißigfache arbeiten, um die gleichen Produkte zu haben. Es gingen somit beiden Ländern unnötig 29 Zeiteinheiten verloren, in denen sie andere Dinge hätten produzieren können, Dinge, die dem Wohlstand des Landes viel förderlicher gewesen wären.

Letztlich fordert Smith den zollfreien Welthandel und kritisiert ganz massiv den Merkantilismus. Die Merkantilisten waren zumeist Minister und Berater von Königen und vertraten die Auffassung, dass der Reichtum des eigenen Landes gemehrt werden kann, indem man Exporte fördert, gleichzeitig alle Importe verhindert und auf diese Weise möglichst viel Gold

Der Kerngedanke von Smith

und Silber im Land hält beziehungsweise ins Land bringt. Smith schreibt dazu:

> Es wird nun behauptet, da Konsumgüter bald aufgebraucht, Gold und Silber aber von mehr dauerhafter Natur seien, könnten Edelmetalle leicht über Jahrhunderte hinweg angehäuft werden und somit den wirklichen Wohlstand des Landes unglaublich vermehren. [23]

Smith hält dies für dumm und töricht. Denn ein Staat benötige nur so viele Gold- und Silbermünzen, wie für den wirklichen Geldumlauf gebraucht würden. Gold und Silbermünzen in dunklen Kammern anzuhäufen, wäre somit völlig nutzlos:

> [...] so wäre dies ebenso töricht, wie wenn man einer Familie dadurch zu einer besseren Tafel verhelfen wolle, dass man sie zwingen würde, sich überflüssiges Küchengerät zu halten. [24]

Wirklich steigern kann man laut Smith den Wohlstand eines Volkes nur durch hohe Produktivität, also zum Beispiel durch einen hohen Beschäftigungsstand:

Das nationale Jahresprodukt [...] kann an Wert lediglich dann zunehmen, wenn die Zahl der produktiv Beschäftigten oder deren Produktivität erhöht wird. [25]

Adam Smith zeigt auch am Beispiel der Regionen England, Schottland und Wales, die untereinander die Zölle abgeschafft haben, wie in allen drei Regionen die Wirtschaft aufblühte und verweist als abschreckendes Beispiel auf Deutschland, das damals in viele Territorialstaaten und Fürstentümer zersplittert war. So musste ein Händler auf dem Weg von Bayern nach Preußen acht Münzrechtsregionen und 14 Zollbarrieren überwinden, weshalb verständlicherweise fast kein Warenaustausch mehr stattfand. Die frühe Forderung eines globalen Freihandels, von dem man damals noch unendlich weit entfernt war, ist daher

Der Kerngedanke von Smith

eine der großen visionären Leistungen von Adam Smith. Wenn wir alle merkantilistischen und protektionistischen Hemmnisse wie Zölle und Importverbote abschaffen und gleichzeitig in allen Ländern die Gewerbefreiheit ermöglichen, also völlige Mobilität schaffen, dann, so Smith, wird es zu einem sagenhaften Wirtschaftswachstum kommen, einem Wirtschaftswachstum, das erstmals den Wohlstand der breiten Bevölkerung in allen Nationen ermöglichen wird:

> Und dieses ungeheure Anwachsen der Produktion in allen Gewerben, als Folge der Arbeitsteilung, führt in einem gut regierten Staat zu allgemeinem Wohlstand, der selbst in den untersten Schichten der Bevölkerung spürbar wird. [26]

Smith bezeichnet dieses freie Wirtschaften ohne Gewerbe- und Zunftzwang, ohne Zölle, ohne Ein- und Ausfuhrbeschränkungen als das „System der natürlichen Freiheit":

> Gibt man daher alle Systeme der Begünstigung und Beschränkung auf, so stellt sich ganz von selbst das [...] System der natürlichen Freiheit her. Solange der einzelne nicht die Gesetze verletzt, lässt man ihm völlige Freiheit, damit er das eigene Interesse auf seine Weise verfolgen kann und seinen Erwerbsfleiß und sein Kapital im Wettbewerb mit jedem anderen [...] einsetzen kann.[27]

Diese Aussage von 1776, wonach man am besten alle Individuen einer Gesellschaft in „völliger Freiheit" wirtschaften lässt, solange sie sich an die Gesetze halten, ist bis auf den heutigen Tag der eherne Grundsatz des Wirtschaftsliberalismus.

Das freie Spiel von Angebot und Nachfrage

Und damit sind wir beim zentralen Gedanken von Adam Smith – dem freien Spiel von Angebot und Nachfrage und dem Wirken der „invisible hand", der „unsichtbaren Hand". Die Theorie von der „unsichtbaren Hand" ist bis heute das Kernstück der Wirtschaftsauffassung der gesamten westlichen Welt.

Adam Smith beginnt mit einer ganz einfachen Unterscheidung – und zwar der zwischen dem natürlichen Preis und dem Marktpreis, oder wie Smith sagt, dem „Realpreis". Der natürliche Preis einer Ware entspricht ganz einfach dem Aufwand, den man hat, um diese Ware herzustellen. Und dieser Aufwand ist durch drei Faktoren bedingt.

Zum einen aus der Arbeitszeit. Ein Produkt, an dem ein Arbeiter eine Woche arbeitet, kostet natürlich mehr, als eines, das er in einer Stunde herstellen kann. Die Arbeitszeit war schon in der Jäger- und Sammler-Epoche ein wichtiger Faktor. So konnte man in manchen Regionen einen erlegten Biber gegen zwei Hirsche tauschen, weil es erheblich langwieriger war, einen Biber zu erlegen. Auch die Schwere der Arbeit fließt in den Herstellungspreis der Ware ein. So gibt es Schlechtwettergeld für Bauarbeiter oder Erschwerniszuschläge für Nachtarbeit.

Als zweiten Kostenfaktor muss der Fabrikant die Aufwendungen für seine Produktionsstätte, beziehungsweise für Grund und Boden in den natürlichen Preis einbeziehen, z.B. die Miete für Grundstücke, Produktions- und Lagerhallen.

Den dritten Faktor bilden die Kosten für den Kapitaleinsatz, also zum Beispiel für die Baumwolle, die der Fabrikant von den Bauern als Rohstoff kaufen muss, um daraus Kleider weben zu können und natürlich auch die Spinnmaschinen und Webstühle, die der Fabrikant oft sogar auf Kredit gekauft hat und deren Zins- und Tilgungsraten er einkalkulieren muss. Zum Faktor Kapital gehört zuletzt auch ein angemessener Gewinn, den ein Unternehmer für seine leitende Tätigkeit, sein unternehmerisches Risiko und den Einsatz von Kapital haben will. Denn wenn er seine Kleider exakt zu dem Preis verkauft, der den Produktionskosten inklusive Kapitaleinsatz entspricht, kann er zwar die Löhne und die Miete für seine Fabrik bezahlen und auch weiterhin die Rohstoffe kaufen, ihm selbst aber bleibt nichts übrig. Also kommt mindestens noch soviel an Gewinn dazu, dass er und seine Familie davon leben können.

Der Kerngedanke von Smith

Fazit: Der natürliche Preis ist das, was der Hersteller für seine Ware mindestens verlangen muss, um im nächsten Monat die Arbeiter, die Miete, die Rohstoffe, Maschinen und sich selbst bezahlen zu können. Der natürliche Preis besteht also aus Lohnkosten, Miete, Kapitaleinsatz und Gewinn.

Natürlicher Preis: Preis, der sämtliche Kosten der Herstellung wieder einbringt

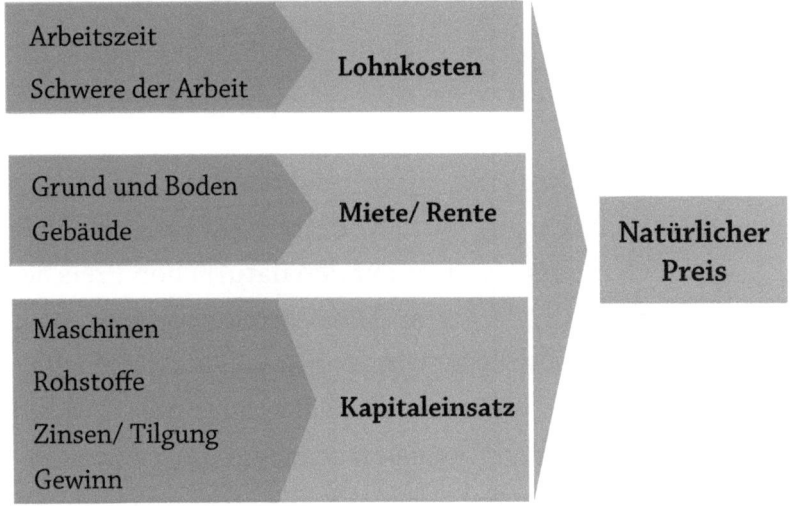

Im Unterschied dazu gibt es dann aber auch noch den realen Preis, also den Preis, den die Kunden auf dem Markt tatsächlich zu bezahlen bereit sind oder, wie wir heute sagen, den Marktpreis. Und dieser Marktpreis kann vom natürlichen Preis ganz erheblich abweichen. Er richtet sich nämlich einzig und allein nach Angebot und Nachfrage.

Marktpreis: Preis, den die Käufer tatsächlich zu zahlen bereit sind

Knappheit / Überfluss	→ Angebot	
		Marktpreis
Großer Bedarf / Kleiner Bedarf	→ Nachfrage	

Er kann höher sein, manchmal aber auch niedriger als der natürliche Preis. Es nützt einem Unternehmer nämlich nichts, wenn er auf den natürlichen Preis beharrt und am Marktstand dem Kunden erzählt, dass die Herstellung dieser Uhr für ihn sehr aufwendig und teuer gewesen sei, sodass er dafür zumindest seinen „natürlichen Preis" verlangen müsse, um keinen Verlust zu machen. Sobald es die Uhr an einem anderen Marktstand günstiger gibt, muss er sie notfalls auch unter dem natürlichen Preis verkaufen, um nicht auf seinen Uhren sitzenzubleiben. Wie viel Aufwand im Produkt steckt, will der Kunde gar nicht wissen. Er entscheidet einfach, ob er die Uhr zu diesem Preis haben will oder nicht.

Der Kerngedanke von Smith

Der Marktpreis ist also der echte Preis. Dieser kann aber auch über den Herstellungskosten und somit über dem natürlichen Preis liegen. Wenn der Fabrikant das Glück hat, dass er der einzige Anbieter ist und viele Leute sein Produkt unbedingt haben wollen, steigt der Preis. Solange die Kunden kaufwillig sind, kann der Unternehmer sogar ein Vielfaches mehr verlangen, als seine Herstellungskosten und sein vorher kalkulierter Gewinn ausmachen, also weit mehr als den natürlichen Preis.

Letztendlich entscheidet einzig und allein die Nachfrage über den tatsächlichen Preis, den ein Produkt auf dem Markt erzielt. Und dennoch, so Smith, ist der natürliche Preis der wichtigere. Warum? Weil der natürliche Preis eine Art Gravitationszentrum ist, um den sich der Marktpreis immer wieder einpendelt, oder wie Smith sagt:

Aus diesem Grund ist der natürliche Preis gleichsam der zentrale, auf den die Preise aller Güter ständig hinstreben. [28]

Es kommt zwar immer wieder mal vor, so Smith, dass der reale Preis, also der Marktpreis, höher ist als der natürliche Preis, oder dass der Marktpreis auch mal unter den natürlichen Preis fällt, aber so etwas geschieht immer nur für kurze Zeit, denn langfristig kommt es zu einer Ausrichtung auf den natürlichen Preis. Und dies geschieht aufgrund des Wirkens der „unsichtbaren Hand".

Die unsichtbare Hand

Das Wirken der unsichtbaren Hand erläutert Smith unter anderem am Beispiel von Damenstrümpfen. Etwas aktueller und vielleicht noch deutlicher lässt sich das Wirken der unsichtbaren Hand auf dem neu entstandenen Handymarkt beobachten. Man könnte natürlich in das Schema des „freien Spiels von Angebot und Nachfrage" jedes beliebige Produkt einsetzen.

In der ersten Phase produzierten nur wenige Unternehmen Handys. Aufgrund der großen Nachfrage konnten sie teuer und zu einem hohen Marktpreis verkauft werden, also in unserem Beispiel zu einem Marktpreis von 400 Euro. Da der Herstellungspreis inklusive Kapitalrendite, also der gesamte „natürliche Preis" nur 200 Euro betrug, machte der Unternehmer in dieser ersten Phase pro Handy einen stattlichen Gewinn von 200 Euro.

In der zweiten Phase produzierten nun, durch die Aussicht auf hohe Gewinne angelockt, auch zahlreiche andere Unternehmer Handys. Das Angebot vervielfachte sich in kurzer Zeit, und es kam bei gleichbleibender Nachfrage zu einem Überangebot an Handys, zu einem Preisverfall und einem gnadenlosen Preiskampf der Hersteller. Wegen des Überangebots drohten einige Unternehmen auf ihren Handys sitzenzubleiben. Am Ende mussten die Unternehmer das Handy zeitweise sogar unter ihren Herstellungskosten zu Schleuderpreisen verkaufen, also für 100 Euro und weniger. Pro Handy machten sie also 100 Euro Verlust.

Der Marktpreis sank somit unter den „natürlichen Preis". Das ging natürlich nicht lange gut, da die Firmen rote Zahlen schrieben und die Aktionäre protestieren. Also produzierten viele der Firmen wieder andere Waren. Dadurch wurden in der dritten Phase wieder weniger Handys hergestellt und bei gleichbleibender Nachfrage stieg der Marktpreis aufgrund der einsetzenden Verknappung wieder auf die Höhe des natürlichen Preises oder sogar etwas darüber.

Auf lange Sicht, also in den Phasen 4, 5 und 6 wird sich der Marktpreis von Handys in solchen Wellenbewegungen immer mehr dem natürlichen Preis annähern, so dass am Schluss das Produkt genau so viel kostet, dass der Unternehmer seine Arbeiter entlohnen, Hallenmiete und Maschinen bezahlen kann und für seinen Kapitaleinsatz eine entsprechende Rendite bekommt. Sobald die Rendite aber deutlich steigt, werden wieder andere Produzenten angelockt und vermehren solange das Warenangebot, bis der

Der Kerngedanke von Smith

Preis wieder fällt. Angebot und Nachfrage kommen somit wieder in ein harmonisches Gleichgewicht. Es werden auf lange Sicht genau so viele Güter produziert, wie vom Verbraucher benötigt.

Dieser Gleichgewichtsmechanismus ist nichts anderes als die unsichtbare Hand. Die einzelnen Unternehmer hatten ursprünglich nur ihren eigenen Gewinn und ihr eigenes Interesse im Auge. Dennoch haben sie, ohne es zu wollen, wie durch eine unsichtbare Hand geführt, der Allgemeinheit einen großen Dienst erwiesen. Sie haben den Engpass an Handys beseitigt, sie haben den Preis für ein Handy massiv gesenkt und sie haben mit der Aufnahme der Handy-Produktion Arbeitsplätze geschaffen und zum wirtschaftlichen Wachstum beigetragen:

> Wenn daher jeder Einzelne soviel wie nur möglich danach trachtet, sein Kapital [...] einzusetzen, [...] dann bemüht sich auch jeder Einzelne ganz zwangsläufig, dass das Volkseinkommen im Jahr so groß wie möglich werden wird. [29]

Der freie Wettbewerb führt also laut Smith durch den Mechanismus der unsichtbaren Hand für die Allgemeinheit zu optimaler Versorgung, optimaler Produktion und optimalen Preisen. Und das ist nicht zu unterschätzen. In vielen sozialistischen Staaten kam es während der Planwirtschaft immer wieder zu Engpässen. So gab es beispielsweise einen Mangel an Toilettenpapier. Als die Planer reagierten und die Toilettenpapierproduktion hochfuhren, gab es im Folgejahr zu viel davon und dafür auf einem ganz anderen Gebiet eine Unterversorgung.

Niemals, so wettert Smith bereits 1776 gegen die Merkantilisten, wird ein Beamter oder auch ein ganzer Stab von Beamten die Güterversorgung der Bevölkerung so genau planen und bei Abweichungen so schnell reagieren können, wie es Tausende Unternehmer und Händler in kürzester Zeit tun, um ihren Profit zu steigern. Im Kapitalismus sind die Regale immer voll, egal welches Bedürfnis die Bevölkerung gerade hat.

Die Verwandlung des natürlichen Egoismus´ der Unternehmer in das Allgemeinwohl der Bevölkerung ist, so Smith, das Geheimnis des unaufhaltsamen Erfolges der „Commercial Society". Interessanterweise erfolgt diese Verwandlung des Eigeninteresses in Allgemeinwohl aus der Perspektive des einzelnen

Der Kerngedanke von Smith

Unternehmers unbewusst, unsichtbar und sogar entgegen seiner ursprünglichen Absicht:

> Tatsächlich fördert er in der Regel nicht bewusst das Allgemeinwohl, noch weiß er, wie hoch der eigene Beitrag ist [...] wenn er dadurch die Erwerbstätigkeit so fördert, dass ihr Ertrag den höchsten Wert erzielen kann, strebt er lediglich nach seinem eigenen Gewinn. Und er wird in diesem, wie auch in vielen anderen Fällen von einer unsichtbaren Hand geleitet, um einen Zweck zu fördern, den zu erfüllen er in keiner Weise beabsichtigt hat. [30]

An dieser Stelle sieht man wieder ganz deutlich die anthropologische Grundannahme von Adam Smith: der Mensch ist primär nur seinen eigenen Interessen zu folgen geneigt und leistet nur unabsichtlich, durch eine unsichtbare Hand geführt, seinen Beitrag für das Wohl anderer. Konsequenterweise äußert Smith tiefe Skepsis gegenüber all jenen, die vorgeben, aus altruistischen Motiven zu handeln:

Alle, die jemals vorgaben, ihre Geschäfte dienten dem Wohl der Allgemeinheit, haben meines Wissens niemals etwas Gutes getan. [31]

Nun war Adam Smith nicht nur Ökonom, sondern auch ein Vertreter der Moralphilosophie. In seinem ersten Buch mit dem Titel „Die Theorie der ethischen Gefühle" gesteht er dem Menschen durchaus zu, dass er für seine Mitmenschen Sympathie empfinden kann:

Der Kerngedanke von Smith

> Mag man den Menschen für noch so egoistisch halten, es liegen doch offenbar gewisse Prinzipien in seiner Natur, die ihn dazu bestimmen, an dem Schicksal anderer Anteil zu nehmen, und die ihm selbst die Glückseligkeit dieser anderen zum Bedürfnis machen, obwohl er keinen anderen Vorteil daraus zieht, als das Vergnügen, Zeuge davon zu sein. [32]

Da wir uns in andere hineinversetzen können, nehmen wir auch an deren Schicksal Anteil und freuen uns, wenn es den anderen gut geht. Dennoch ist der Mensch von Natur aus alles andere als ein Altruist, der geneigt ist, sich selbstlos für die Gesellschaft einzusetzen. Das ist aber laut Smith kein Problem. Denn das Eigeninteresse als menschliche Neigung reicht aus, um die Gesellschaft zusammenzuhalten. Ja, sogar die allergrößten Egoisten des britischen Empires, die Kaufleute, sind laut Smith in der Lage, ein gesellschaftliches Zusammenleben zu bewerkstelligen. Denn selbst diese laut Smith stets raffgierigen Kaufleute werden von der unsichtbaren Hand zusammengeführt:

> [...] mag auch zwischen den verschiedenen Gliedern der Gesellschaft keine wechselseitige Liebe und Zuneigung herrschen, so wird die Gesellschaft [...] sich aber deshalb nicht auflösen müssen. Die Gesellschaft kann zwischen einer Anzahl von Menschen – wie eine Gesellschaft unter mehreren Kaufleuten – auch aus einem Gefühl der Nützlichkeit heraus, ohne gegenseitige Liebe und Zuneigung bestehen bleiben; [33]

Da wir in den Industriegesellschaften hochspezialisierte Berufe haben und andere Menschen alltäglich zum Austausch von Waren und Dienstleistungen benötigen, stehen wir alle – wie durch ein unsichtbares Band zusammengehalten – miteinander in Beziehung und bilden allein deshalb bereits eine Gesellschaft:

Der Kerngedanke von Smith

> [...] und mag auch kein Mensch in dieser Gesellschaft einem anderen verpflichtet oder in Dankbarkeit verbunden sein, so kann die Gesellschaft doch noch durch eine Art kaufmännischen Austausches guter Dienste [...] aufrechterhalten werden [...] Die Wohltätigkeit ist die Verzierung, die das Gebäude verschönt, nicht das Fundament. [34]

Denn das Fundament ist und bleibt das natürliche Erwerbsstreben. Und diese Natur des Menschen kann man laut Smith nicht einmal durch Erziehung verändern. Bereits Kinder entwickeln früh ein Gefühl für Eigentum und versuchen beispielsweise schon im Sandkasten, die Anzahl ihrer Spielsachen zu vermehren und umgekehrt gegen den Zugriff anderer Kinder zu verteidigen. An eine Überwindung des Eigeninteresses und des persönlichen Erwerbsstrebens hat Smith natürlich auch nie gedacht, da er ja gerade die Selbstbezogenheit des Menschen für gesellschaftlich nutzbringend hielt.

Am Ende feiert Smith diese unbewusst ablaufende Verwandlung von Eigeninteresse in Gemeinwohl als kluge und gute Einrichtung der Natur, als eine Art Motor, der alles in Gang hält:

> [...] ja gerade dadurch, dass er das eigene Interesse verfolgt, fördert er häufig das der Gesellschaft nachhaltiger, als wenn er wirklich beabsichtigt, es zu tun. 35

Von Natur aus ist der Mensch also auf seinen eigenen Vorteil bedacht, aber durch die „unsichtbare Hand" wird er über das wahre Ziel seines Wirkens hinweggetäuscht, nämlich das Allgemeinwohl zu fördern.

> Und es ist gut, dass die Natur uns in dieser Weise betrügt. Denn diese Täuschung ist es, was den Fleiß der Menschen erweckt und in beständiger Bewegung erhält. 36

Eine ähnliche Konstruktion finden wir später auch bei Hegel. Dieser spricht allerdings nicht von der „unsichtbaren Hand", sondern vom „Weltgeist" und von der „List der Vernunft". So hat beispielsweise Napoleon geglaubt, seine eigenen Interessen zu verfolgen, dabei aber, ohne es zu wollen und zu wissen, als Diener des Weltgeistes nur dessen Interesse vorangetrieben. Hegel beschreibt mehrere sogenannte welthistorische Persönlichkeiten, die vom Weltgeist als Werkzeuge benutzt worden sind. So hat Napoleon als Revolutionsgeneral die überkommene Monarchie beseitigt und mit der Einführung des Code Civil, dem Bürgerlichen Gesetzbuch, die Grundlage des modernen Rechtstaates geschaffen. Er glaubte, das für sich aus eigenem Antrieb und Ehrgeiz zu tun, vollbrachte aber letztlich, ohne es zu wissen, nur das, was im Hinblick auf den geschichtlichen Fortschritt im Sinne des Weltgeistes notwendig war, nämlich die Ablösung des Feudalsystems durch den bürgerlichen Verfassungsstaat.

Was aber ist die unsichtbare Hand bei Smith? Ist sie wie bei Hegel eine Art Weltgeist, eine göttliche Vernunft, die über allem steht? Smith spricht zwar von der göttlichen Harmonie, die sich einstellt, wenn man das System der natürlichen Freiheit verwirklicht. Letztlich aber garantiert einzig und allein der Markt selbst, also das freie Spiel der Kräfte, die Preisstabilität, die optimale Versorgung der Gesellschaft mit Gütern, und damit den Wohlstand der Nationen. Die unsichtbare Hand kann somit nicht wie Hegels Weltgeist als metaphysische Kraft verstanden werden. Bei Adam Smith besteht die List der Vernunft einzig und allein darin, dass der egoistische Grundtrieb des Einzelnen durch den Marktmechanismus in Allgemeinwohl verwandelt wird. Und weil dieser Marktmechanismus des freien Wettbewerbes nicht göttlichen Ursprungs ist, muss auch der Mensch selbst dafür Sorge tragen, dass er aufrechterhalten bleibt:

[...] je freier und umfassender der Wettbewerb ist, um so mehr Vorteile hat die Öffentlichkeit von jedem Gewerbe oder von jeder Arbeitsteilung. [37]

Die Aufgaben des Staates

Die Aufgabe des Staates besteht deshalb in erster Linie darin, den freien Markt aufrechtzuerhalten und die Tauschgesellschaft vor äußeren und inneren Übergriffen zu schützen:

Im System der natürlichen Freiheit hat der Souverän lediglich drei Aufgaben zu erfüllen: Erstens, die Pflicht, das Land gegen Gewalttätigkeit und Angriff anderer unabhängiger Staaten zu schützen [...]. [38]

Das heißt, ein stehendes Heer mit Kommandeuren und einem Verteidigungsministerium zu unterhalten.

> [...] zweitens die Aufgabe, jedes Mitglied der Gesellschaft soweit wie möglich vor Unterdrückung und Ungerechtigkeit durch einen Mitbürger in Schutz zu nehmen oder ein zuverlässiges Justizwesen einzurichten [...]. [39]

Es müssen also Richter, Staatsanwälte, Polizei und Justizvollzugsbeamte eingesetzt werden, um zu verhindern, dass es zu Übergriffen und Selbstjustiz kommt oder Verträge gebrochen werden.

> [...] und drittens die Pflicht, bestimmte öffentliche Anstalten und Einrichtungen zu gründen und zu unterhalten, die ein einzelner oder eine Gruppe aus eigenem Interesse nicht betreiben kann, weil der Gewinn ihre Kosten niemals decken könnte. [40]

Damit meint Smith Einrichtungen wie die Müllabfuhr und die Kanalisation. Diese Bereiche könnten von Privatunternehmen nicht betrieben werden, da

Der Kerngedanke von Smith

sie zu kostenintensiv sind und keinen Gewinn abwerfen. Würde nämlich ein privater Unternehmer den Müll kostendeckend beziehungsweise profitabel entsorgen, müsste er einen entsprechend hohen Preis verlangen. Die Bürger wären dann versucht, den Müll in den Wald zu kippen. Der Staat muss daher den Müll zu einem unrentablen Preis selbst abholen und entsorgen, um für die Hygiene in den Städten zu sorgen. Auch der Straßenbau sollte nach Smith besser in staatlicher Hand bleiben, da ein Privatmann für die Benutzung der von ihm finanzierten Straßen und Brücken Mautgebühren verlangen müsste, was wiederum den Handel stören könnte. Ein paar Aufgaben muss also der Staat auch bei Smith noch übernehmen, aber eben nur solche, die kein Privatmann besser ausführen kann. Smith warnt bereits 1776 vor dem Aufbau einer zu großen Bürokratie, die nur Geld kostet:

In den meisten Ländern werden nämlich alle oder nahezu alle öffentlichen Einnahmen dazu verwendet, um unproduktive Leute zu unterhalten. [41]

Eine weitere Einrichtung, die der Staat unterhalten sollte, sind Schulen. Smith forderte, was damals sehr fortschrittlich war, die allgemeine Schulpflicht. Der Schulbesuch muss, so Smith, kostenfrei sein, ebenso wie der Besuch von Einrichtungen der Erwachsenenbildung. Interessant ist seine Begründung:

Mit fortschreitender Arbeitsteilung wird die Tätigkeit [...] der Masse des Volkes nach und nach auf einige wenige Arbeitsgänge eingeengt, oftmals auf nur einen oder zwei. [42]

Der Fließbandarbeiter, der den ganzen Tag immer nur Stecknadelköpfe aufpflanzt, verrichtet seine Tätigkeiten ohne intellektuelle Herausforderung und droht zu verdummen:

> So ist es ganz natürlich, dass er verlernt, seinen Verstand zu gebrauchen, und so stumpfsinnig und einfältig wird, wie ein menschliches Wesen nur eben werden kann
>
> [...]. Dies aber ist die Lage in welche die Schicht der Arbeiter [...] in jeder entwickelten und zivilisierten Gesellschaft unweigerlich gerät, wenn der Staat nichts unternimmt. [43]

Deshalb wünscht sich Smith vom Staat „großzügige Ausgaben für Bildungseinrichtungen für die Jugend" und „für Menschen jeden Alters."[44] Damit erschöpfen sich aber auch schon die Aufgaben des Staates. Außer Lehrer zu beschäftigen, Richter, Staatsanwälte, Polizei, Straßen-, Brücken-, und Kanalbauer, hält er die Aufblähung des Staatsapparats mit Beamten für äußerst schädlich. Er befürwortet einen schlanken Staat und warnt davor, die Beamten zu gut zu bezahlen:

> Die Gehälter der Beamten werden nicht wie die Einkünfte in Wirtschaft und freien Berufen vom freien Wettbewerb auf dem Markt bestimmt [...]. Menschen, die in der Verwaltung einer Regierung verantwortlich sind, neigen nämlich in der Regel dazu, sich selbst und ihre unmittelbaren Untergebenen eher zu großzügig als ausreichend zu entlohnen. [45]

Daher soll man laut Smith alles, was Privatleute übernehmen können, den Beamten wegnehmen. Der Staat habe die Pflicht, möglichst passiv zu bleiben und lediglich das Funktionieren der Marktwirtschaft zu gewährleisten. Er muss den Bürgern größtmögliche Entfaltungsmöglichkeiten lassen und hat somit nur eine Art Nachtwächterfunktion. Der Begriff vom „Nachtwächterstaat" stammt nicht von Adam Smith selbst, sondern von Ferdinand Lassalle, der etwa hundert Jahre später Smith kritisiert hat. Dessen Staat sei ein Nachtwächterstaat, dessen einzige Funktion darin bestehe, Raub und Einbruch zu verhüten. Im Gegensatz zu Smith forderte der Sozialist Lassalle den aktiven Sozialstaat, der seine Bürger mit einer Renten- und Krankenversicherung absichert und sich auch sonst aktiv in das Wirtschaftsleben einmischt.

Steuern als Umverteilungsinstrument

Um die wenigen Aufgaben des Staates, also Verteidigung, Rechtswesen, Straßen-, Kanalisationsbau, Müllabfuhr und Schulbildung zu finanzieren, schlägt Smith ein progressives Steuersystem vor. Das bedeutet, dass diejenigen, die ein höheres Einkommen haben und hohe Gewinne erzielen, mehr Steuern zahlen sollen, als diejenigen, die nur wenig verdienen. Damit sind die Steuern auch für Adam Smith bereits ein Regulativ, mit dem die Lasten gerecht verteilt werden können.

Er begründet dies damit, dass es den Reichen leichter fällt, Steuern zu zahlen und dass beispielsweise Fabrikanten und Händler für den Transport und Verkauf ihrer Güter die staatlich erbauten Straßen und die gesamte Infrastruktur viel intensiver nützen, als der einfache Arbeiter. Tatsächlich haben fast alle europäischen Länder heute ein nach Einkommen gestaffeltes progressives Steuersystem, genau wie es Smith empfohlen hat. Allerdings sollten Regierungen die Besserverdiener und Fabrikbesitzer nicht zu sehr besteuern, da sie sonst ihre Produktion ins Ausland verlagern:

Der Kerngedanke von Smith

> Ein Kaufmann ist [...] nicht zwangsläufig Bürger eines bestimmten Landes. Für ihn ist es höchst gleichgültig, von welchem Ort aus er seinen Handel betreibt. [46]

Daraus schlussfolgert Smith:

> Schon kleine Ärgernisse können ihn veranlassen, sein Kapital und damit das von ihm finanzierte Gewerbe in ein anderes Land zu verlagern. [47]

Diese Sätze klingen unglaublich weitsichtig, wenn man bedenkt, dass es 1776 sicher nicht so leicht war, ein Gewerbe zu verlagern oder zu internationalisieren. Dennoch hat Smith offensichtlich schon damals die Gefahr der Standortverlagerung mit dem damit einhergehenden Verlust von Arbeitsplätzen und Steuereinnahmen vorhergesehen.

Was nützt uns die Entdeckung von Smith heute?

Die große Vision des Adam Smith – Wohlstand für alle!

Wenn wir uns die weitere historische Entwicklung vor Augen halten, kann man in der Tat Gänsehaut bekommen, angesichts der präzisen Empfehlungen und Prognosen von Adam Smith. So hat er bereits vor zweihundertvierzig Jahren erkannt, dass die Industrialisierung, die Spezialisierung und die Einführung des Freihandels einen enormen Wachstumsprozess in Gang setzen werden, der sich auf das gesamte Volkseinkommen auswirkt.

Breite Schichten der Bevölkerung der modernen Industriegesellschaften, so seine Prognose, werden am Wohlstand teilhaben, insbesondere, so Smith, die „laboring poor", also die zu seiner Zeit unterbezahlten Arbeiter:

> Und dieses ungeheure Anwachsen der Produktion [...] führt in einem gut regierten Staat zu allgemeinem Wohlstand, der selbst in den untersten Schichten der Bevölkerung spürbar wird. [48]

In der Tat ist das Bruttosozialprodukt und der Volkswohlstand in allen industrialisierten Ländern in den letzten Jahrhunderten, wie von Smith vorausgesagt, exponentiell gestiegen. So können zum Beispiel in den europäischen Industrienationen im 21. Jahrhundert viele Menschen sogar einmal im Jahr in den Urlaub fahren, was zur Zeit von Adam Smith noch völlig undenkbar gewesen war. Der vielzitierte Satz, wonach es „noch nie so vielen Menschen so gut ging wie heute" ist gemessen an der realen Kaufkraft durchaus haltbar. Im Vergleich zur Antike, zum Mittelalter, zur frühen Neuzeit und zum ausgehenden 19. Jahrhundert, als es noch Hungersnöte gab, geht es der breiten Bevölkerung in den Industriestaaten

Was nützt uns die Entdeckung von Smith heute?

tatsächlich erheblich besser als in jeder anderen historischen Epoche zuvor.

Auch die zweite Forderung von Smith, wonach zur Verbesserung des Handels die Zölle und Münzsysteme in den europäischen Fürstentümern und Ländern vereinheitlicht beziehungsweise abgeschafft werden müssen, wurde verwirklicht. Smith war im Grunde ein Vordenker des Euro und der Zollfreiheit. Am Ende, so seine große Vision, müsse es zu einem weltweiten Freihandel kommen, an dem alle Staaten teilnehmen und gemeinsam auf Schutzzölle verzichten. Ein Prozess, der zweihundertvierzig Jahre nach Smith nahezu abgeschlossen ist. Heute wacht die WTO, die Welthandelsorganisation, über die Einhaltung des globalen Freihandels.

Allerdings, so könnte man gegen den Weitblick und den Optimismus von Smith einwenden, hat der entfesselte Welthandel in der Globalisierung auch zu großer Verunsicherung geführt. Viele Arbeitsplätze in den industrialisierten Ländern werden in Billiglohnländer verlagert oder sind von einer Verlagerung bedroht. Gerade die alten Industrienationen England, Deutschland, Frankreich, Italien, Russland und die USA leiden bereits unter den Folgen der weltweiten Konkurrenz aus Osteuropa, China, Korea und anderen aufstrebenden Regionen.

Aber gerade dazu hat uns Smith einen wichtigen Hinweis gegeben: Der Freihandel und mit ihm die Globalisierung führen in der Tat zu einer Angleichung der Lebensverhältnisse. Denn der Wohlstand ist nichts Festes, das sich eine Nation in Form von Gold, Rohstoffen oder großem Territorium für immer sichern kann. Der Wohlstand ist vielmehr dort, wo am meisten „Fleiß" anzutreffen ist, oder, wie Smith sagt: „Industry". Nicht der Besitz, sondern die Entfaltung der Produktion entscheidet letztlich über den Wohlstand der Nationen:

Das nationale Jahresprodukt […] kann an Wert lediglich dann zunehmen, wenn die Zahl der produktiv Beschäftigten oder deren Produktivität erhöht wird. [49]

Der Kapitalismus hat nach Smith die Eigenart, dass dort produziert wird, wo es am günstigsten ist, also dort, wo im Augenblick die Löhne am niedrigsten

Was nützt uns die Entdeckung von Smith heute?

und der Wohlstand am geringsten ist. Wenn die Produktion aber erst einmal in diese Länder verlagert ist, steigen auch dort automatisch Kaufkraft, Preise und Löhne. So kommt mit der globalen Produktion der Wohlstand auch in jene Länder, die bislang noch nicht daran teilhaben. Darüber zu lamentieren, wäre nach Smith aber eine sehr kurzsichtige Betrachtungsweise. Denn gerade durch die Verbesserung der Lebensverhältnisse und die zunehmende wirtschaftliche Verflechtung aller Nationen wird langfristig der soziale Frieden gesichert und nationalistischen Bewegungen der Nährboden entzogen. Länder, die beispielsweise in die europäische Wirtschafts- und Währungsunion integriert sind, führen untereinander keinen Krieg mehr und verwirklichen gemeinsame Rechtsstandards. So haben Deutschland und Frankreich eine Jahrhunderte dauernde „Erbfeindschaft" überwunden, indem sie sich in der Montanunion, der späteren europäischen Union, zu einem gemeinsamen Wirtschafts- und später Währungsraum verbunden haben. Wie von Smith prophezeit, sind sie ökonomisch und sozial zusammengewachsen.

Dasselbe gilt – wenn man in größeren Zeitdimensionen denkt – weltweit. Smith würde gemäß seiner liberalen Forderung nach freier Entfaltung der Wirtschaft auch die derzeitige Entwicklung in Asien begrüßen. So nimmt die Lebensqualität und der Volkswohlstand beispielsweise auch in China rasant zu. Durch die voranschreitende Verlagerung der Güterproduktion in Schwellenländer und Länder der Dritten Welt könnte es langfristig zu einer globalen Annäherung kommen. Und genau das war die große Vision von Adam Smith, die weltweite Anhebung des Lebensstandards im System der natürlichen Freiheit – der „Wohlstand der Nationen".

Adam Smith war somit alles andere als ein Nationalist oder Patriot. Als Weltbürger und Ökonom hoffte er auf die Dynamik und die verbindende Kraft der Weltwirtschaft. Vielleicht gelingt es uns, die ungeheure Dynamik der Globalisierung nicht mehr nur als Bedrohung, sondern im Sinne von Smith auch als Chance zu begreifen – als Chance für ein globales ökonomisches Zusammenwachsen der Menschheit.

Was nützt uns die Entdeckung von Smith heute?

Das System der natürlichen Freiheit – die Warnung vor der Planwirtschaft

Am Ende, so Smith, wird sich durch den freien Tausch von Gütern und die freie Konkurrenz auf allen Märkten der globale Wohlstand einstellen. Und dieses sich selbstregulierende System der Marktwirtschaft wird, wenn es sich einmal entfaltet hat, um ein Vielfaches besser sein, als jede planwirtschaftlich gesteuerte Wirtschaftspolitik. Dabei ist auch die unterschiedliche Höhe des Einkommens ein wichtiger Anreiz:

Denn der Mensch ist bestrebt, sich das Leben so angenehm und bequem zu machen, wie er es nur kann, und sind seine Bezüge wirklich dieselben, ganz gleich, ob er sich besonders anstrengt oder nicht, so liegt es sicherlich in seinem Interesse, [...] seine Pflichten ganz und gar zu vernachlässigen.[50]

Damit hat Smith dem sozialistischen Experiment achtzig Jahre vor dem Kommunistischen Manifest und hundertdreißig Jahre vor der russischen Oktoberrevolution eine denkbar schlechte Prognose gestellt.

Und wenn man sich vor Augen hält, wie in zahlreichen Kollektiven und Kolchosen in der Sowjetunion die Erträge der riesigen Staatsgüter eher mäßig waren, während dieselben Kolchosbauern in ihren kleinen Vorgärten ertragreiche Ernten erwirtschafteten und auf den regionalen Märkten verkauften, bekommen die mahnenden Worte von Smith nachträglich ein noch größeres Gewicht. Die kommunistischen Staaten, die sich planwirtschaftlich organisierten, konnten mit der Marktwirtschaft auf lange Sicht nicht mithalten. Produktion und Lebensstandard stagnierten und der Kapitalismus trat seinen weltweiten Siegeszug an.

Nach dem Scheitern der Planwirtschaft und des Kollektivismus sieht es tatsächlich so aus, als müsse man dem Individuum im Sinne von Smith einen Spielraum für sein Eigeninteresse einräumen, damit er wirklich produktiv wird:

Was nützt uns die Entdeckung von Smith heute?

> Ist er von Natur aus ein aktiver Mensch, der Freude an der Arbeit hat, so wird er sich auf jeden Fall im eigenen Interesse irgendwie betätigen, aber natürlich nur dort, wo es für ihn von Nutzen ist [...] [51]

Allerdings war diese Kritik von Smith nicht gegen die kollektivistische Planwirtschaft der kommunistischen Staaten gerichtet, die es zu seiner Zeit ja noch gar nicht gab, sondern gegen die Merkantilisten, die ebenfalls versuchten, durch Staatsbetriebe und staatliche Eingriffe Export, Import und Güterproduktion zu steuern. Smith war sich sicher, dass Parteifunktionäre niemals die von einem Volk benötigten und gewünschten Güter so perfekt planen und herstellen können, wie die konkurrierenden Unternehmer und Händler mit ihrem Instinkt für Profit. Generell misstraute Smith jeder staatlichen Planung des Wirtschaftslebens durch Politiker:

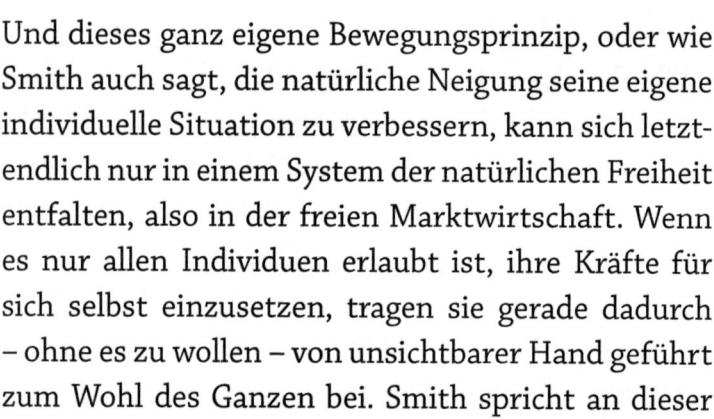

> Der Parteidoktrinär [...] scheint sich einzubilden, dass er die verschiedenen Glieder einer Gesellschaft mit ebensolcher Leichtigkeit anordnen kann, als die Hand die verschiedenen Schachfiguren auf dem Schachbrett anordnet. Er bedenkt nicht, dass [...] auf dem großen Schachbrett der Gesellschaft jede einzelne Figur ein eigenes Bewegungsprinzip besitzt [...]. [52]

Und dieses ganz eigene Bewegungsprinzip, oder wie Smith auch sagt, die natürliche Neigung seine eigene individuelle Situation zu verbessern, kann sich letztendlich nur in einem System der natürlichen Freiheit entfalten, also in der freien Marktwirtschaft. Wenn es nur allen Individuen erlaubt ist, ihre Kräfte für sich selbst einzusetzen, tragen sie gerade dadurch – ohne es zu wollen – von unsichtbarer Hand geführt zum Wohl des Ganzen bei. Smith spricht an dieser

Was nützt uns die Entdeckung von Smith heute?

Stelle präzise aus, was für die nächsten Jahrhunderte bis zum heutigen Tage die zentrale Idee der freien Marktwirtschaft geblieben ist:

Grundsätzlich kann man sagen, je freier und umfassender der Wettbewerb ist, um so mehr Vorteile hat die Öffentlichkeit von jedem Gewerbe oder von jeder Arbeitsteilung. [53]

Zweifellos hat Adam Smith mit seiner Theorie der „unsichtbaren Hand" das grundlegende Funktions- und Legitimationsprinzip der Marktwirtschaft geschaffen und die weitere wirtschaftliche Entwicklung mit erstaunlicher Treffsicherheit prognostiziert. Dennoch hat sich im Verlauf der Geschichte auch auf das Wirken der unsichtbaren Hand ein dunkler Schatten gelegt. Das freie Spiel von Angebot und Nachfrage funktionierte keineswegs immer so reibungslos und harmonisch, wie Adam Smith sich das vorstellte. So kam es in den 30er Jahren des zwanzigsten Jahrhunderts – und das hatte Smith nicht vorhergesehen – in den industrialisierten Ländern zu einer ökonomischen Katastrophe ungeahnten Ausmaßes – der Weltwirtschaftskrise. Hatte die unsichtbare Hand versagt?

Was nützt uns die Entdeckung von Smith heute?

Globale Wirtschaftskrisen – das Ende der unsichtbaren Hand?

Am sogenannten Schwarzen Freitag 1929 kollabierte die New Yorker Börse. Es folgte eine lang anhaltende weltweite Massenarbeitslosigkeit und ein gewaltig wachsender Billiglohnsektor. Die unsichtbare Hand, das freie Spiel der Kräfte, brach zusammen. Die Produktion stagnierte, zahlreiche Firmen drosselten die Produktion und entließen Arbeiter. Auch die Löhne sanken ins Bodenlose. Nach Smith gibt es eine unhintergehbare Untergrenze für den Lohn:

Der Mensch ist darauf angewiesen, von seiner Arbeit zu leben, und sein Lohn muss mindestens so hoch sein, dass er davon existieren kann. Meistens muss er sogar höher sein, da es dem Arbeiter sonst nicht möglich wäre eine Familie zu gründen; seine Schicht würde dann mit der ersten Generation aussterben.⁵⁴

Deshalb kann der Lohn das Existenzminimum nicht unterschreiten, zumindest nicht auf Dauer:

> [...] so gibt es dennoch einen bestimmten Satz, unter den der übliche Lohn selbst für die allereinfachste Tätigkeit für längere Zeit, wie es scheint, nicht gedrückt werden kann. [55]

Nach Smith kann der Lohn auch deshalb nur für kurze Zeit unter das Lebensminimum gedrückt werden, da das Spiel von Angebot und Nachfrage dazu führt, dass der Lohn der Arbeiter irgendwann wieder steigt:

> Bliebe der Lohn einmal unter der erforderlichen Höhe, würde ihn der Mangel an Arbeitskräften bald wieder hochtreiben. [56]

Was nützt uns die Entdeckung von Smith heute?

Die Löhne sinken nach Smith nämlich nur so lange, bis das Angebot an Arbeitskräften durch Abwanderung und Bevölkerungsrückgang so knapp wird, dass der Unternehmer marktbedingt wieder höhere Löhne bezahlen muss, um überhaupt noch Arbeitskräfte zu bekommen. Zur Zeit von Adam Smith wanderten tatsächlich sehr viele Arbeitslose, Tagelöhner und Landarbeiter nach Amerika aus und versuchten ihr Glück in der Neuen Welt. Während der Weltwirtschaftskrise war dies allerdings nicht mehr möglich, da Amerika selbst betroffen war.

Auch glaubte Smith, dass das kontinuierliche Wirtschaftswachstum der Industrienationen langfristig zu einer steigenden Nachfrage nach Arbeitskräften führen würde. Doch diese Hoffnung erfüllte sich nicht. Der Kapitalismus zeigte seit Smith immer wieder dramatische Phasen der Stagnation und Rezession. In der anhaltenden Depression der Weltwirtschaftskrise schien sogar alles so zu kommen, wie es der große Smith-Kritiker Karl Marx prophezeit hatte. Durch die Konkurswelle und die Massenentlassungen sank die Kaufkraft im Volk erheblich und die noch produzierenden Firmen konnten immer weniger Waren verkaufen. Eine Zeit lang produzierten sie weiter, bis die Lager voll waren, dann mussten auch sie Arbeiter entlassen, da sie nicht mehr genug erlösten, um die Löhne zu bezahlen. Jetzt wurde noch weniger gekauft und der ganze Wirtschaftskreislauf geriet ins Stocken. Hinzu kam die Automatisierung, die weitere Arbeitsplätze vernichtete, da wenige Maschinen an Stelle von Tausenden von Arbeitern die Produktion übernahmen. Die Folge waren lang anhaltende Arbeitslosigkeit und Armut. In einigen europäischen Ländern führte dies zu einer politischen Radikalisierung der Bevölkerung. Die verelendeten Massen und die verängstigte Mittelschicht wählten faschistische Regierungen, und das Verhängnis nahm in Form des Zweiten Weltkrieges seinen Lauf. Aber auch nach dem Krieg blieb das bedrohliche Anwachsen der Arbeitslosenzahlen in Zeiten der Rezession bis zum heutigen Tag ein ungelöstes Problem der Marktwirtschaft.

Der Ökonom John Maynard Keynes forderte daher als einer der Ersten, sich nicht länger allein auf die unsichtbare Hand von Adam Smith und die Selbstregulierung der Wirtschaft zu verlassen. Der Staat dürfe nicht nur zuschauen und Nachtwächter des Marktes sein, sondern müsse in Krisenzeiten selbst aktiv in die marktwirtschaftlichen Abläufe eingreifen. Keynes forderte die sogenannte antizyklische Konjunkturpolitik. Der Staat solle in Zeiten guter Konjunktur, also bei hoher Beschäftigung und Produktion durch Steuererhöhungen Geld aus dem Wirtschaftskreislauf herausziehen, um ein Überhitzen der Wirtschaft zu verhindern, und das gesparte Geld dann in Rezessionszeiten bei hoher Arbeitslosigkeit wieder in den Kreislauf hineinpumpen. Der Staat könne der Stagnation des Wirtschaftskreislaufes in Krisenzeiten entgegenwirken, indem er beispielsweise privaten Baufirmen Milliardenaufträge zur Erstellung neuer Straßen gäbe. Durch eine solche, auf möglichst viele Branchen ausgedehnte, künstliche Konjunkturbelebung sinke die Arbeitslosigkeit. Die Leute hätten auf einmal wieder mehr Geld zum Ausgeben und die Wirtschaft nähme wieder Fahrt auf.

Tatsächlich werden von den Regierungen seither in Krisenzeiten solche Konjunkturprogramme aufgelegt. Allerdings gibt es unter den Politikern und Wirtschaftsführern nach wie vor viele Vertreter der reinen Lehre von Adam Smith. Diese fordern, gerade in Krisenzeiten auf die Selbstheilungskräfte der Wirtschaft zu setzen, und das heißt nichts anderes, als der unsichtbaren Hand, dem freien Spiel von Angebot und Nachfrage zu vertrauen. Wenn zuviel produziert wird, die Märkte überfüllt sind und einige Firmen Insolvenz anmelden, ist dies aus neoliberaler Sicht eine natürliche und gesunde „Marktbereinigung". Subventionen und Konjunkturhilfen wären künstliche, nutzlose, ja sogar schädliche Eingriffe. Denn auf lange Sicht ließe sich das Ausscheiden unrentabler Unternehmen ohnehin nicht verhindern. Lieber ein Ende mit Schrecken als ein Schrecken ohne Ende, lautet das Motto dieser ökonomischen Denkrichtung. Was am Markt nicht besteht, kann auch vom Steuerzahler nicht am Leben erhalten werden, argumentieren noch heute neoliberale Wirtschaftspolitiker.

Ein Ende der Diskussion, wann der Staat eingreifen solle und wann er sich im Sinne von Smith ganz aus dem Markt heraushalten soll, ist noch nicht in Sicht. Selbst große europäische Behörden tun sich in der Beurteilung schwer, wann eine nationale Regierung einer angeschlagenen Firma mit Subventionen helfen darf, und wann dies wegen Wettbewerbsverzerrung verboten werden muss. Immer häufiger untersagt die Europäische Union nationale Zuwendungen aus Steuermitteln für private Unternehmen, um den freien und fairen Wettbewerb im Sinne von Smith sicherzustellen. Hierin zeigt sich deutlich, wie brisant und allgegenwärtig die Forderung von Smith nach einem „System der natürlichen Freiheit" nach wie vor ist. Trotz der von Keynes initiierten aktiven Konjunkturpolitik setzt man in Europa nach wie vor auf den freien Wettbewerb. Die Regierungen bleiben

Was nützt uns die Entdeckung von Smith heute?

auch in Krisen bis auf kleinere Konjunkturpakete in der Regel passiv. Auch machen hohe Staatsschulden in der Regel effiziente staatliche Konjunkturprogramme von vorneherein unmöglich, da einfach das Geld fehlt. Und das heißt nichts anderes, als dass weiterhin der „unsichtbaren Hand" vertraut wird.

Vom Nachtwächter- zum Sozialstaat – das Erbe von Adam Smith

Natürlich wurde die Lehre von Adam Smith über die Jahre weiterentwickelt und praktikabler gemacht. So kritisierte der deutsche Professor Walther Eucken, der Vordenker der sozialen Marktwirtschaft, dass Smith völlig vergessen habe, den freien Wettbewerb gegen Monopolbildungen und Preisabsprachen zu schützen. Anders als Smith, der jedem staatlichen Eingriff misstraute, forderte Eucken daher, dass mit Monopol- bzw. Kartellämtern eine zu große Marktbeherrschung durch einzelne Wirtschaftssubjekte sowie Preisabsprachen unbedingt verhindert werden müssen. „Wettbewerb ist eine staatliche Veranstaltung!", stellte Eucken zu Recht fest. Er selbst nannte seine Auffassung von der Wirtschaft den „Ordoliberalismus". Smith wetterte zwar zu seiner Zeit auch schon gegen die Monopole, meinte damit aber in erster Linie die staatlichen Monopole. Er hatte noch kein Kartellrecht oder Kartellamt vorgesehen.

Ein zweiter wichtiger Schritt wurde von dem parteilosen Wirtschaftsminister Ludwig Erhart und dem Wirtschaftswissenschaftler Müller-Armack 1949 gemacht. Sie bestanden darauf, dass der Staat auch soziale Aufgaben übernehmen müsse. Es genüge nicht, wie Smith meinte, für Schulen, Infrastruktur und Rechtssicherheit zu sorgen. Der Staat habe vielmehr die zusätzliche Pflicht, die Renten- und Krankenversicherung der Bürger sicherzustellen sowie eine Einkommens- und Vermögensumverteilung zu gewährleisten. Diese sogenannte „soziale Marktwirtschaft", wie sie in vielen europäischen Staaten seit dem Zweiten Weltkrieg angestrebt wird, versucht das freie Spiel der Kräfte von Adam Smith in seinem Kern beizubehalten, zusätzlich aber durch staatliche Eingriffe und Umverteilungsprogramme zu ergänzen. Der Staat schützt jetzt Geringverdiener, Arbeitslose, Kinder, Alte und Kranke vor Elend und Armut und finanziert die entsprechenden Aufwendungen für die Hilfsbedürftigen über Steuern und Abgaben. Zwar befürwortete auch Smith bereits ein progressives Steuersystem, bei dem Reiche mehr bezahlen müssen als Arme, aber er war noch weit davon entfernt, dem Staat wirkliche Umverteilungsaufgaben zuzuweisen. Hier wird vom modernen Staat inzwischen sehr viel mehr erwartet. An Stelle des Nachtwächterstaates von Adam Smith ist inzwischen der Sozialstaat getreten. Dennoch hat Smith ohne jeden Zweifel mit dem Konzept der freien Marktwirtschaft das Fundament der modernen Gesellschaft gelegt.

So trifft sich bis heute in regelmäßigen Abständen die Mont Pélerin Gesellschaft, eine weltweite Vereinigung von Soziologen, Ökonomen und Politikern, die sich dem ökonomischen Liberalismus verbunden fühlen. Darunter befinden sich Neoliberale, Ordoliberale und Vertreter der sozialen Marktwirtschaft. Viele von ihnen tragen immer noch stolz die sogenannte „Adam-Smith-Krawatte", um ihre geistige Verwandtschaft mit dem Urvater der Marktwirtschaft zu zeigen.

Adam Smith hatte die große Vision, dass durch die Arbeitsteilung, die Befreiung von den Zunftzwängen und die Abschaffung aller Zollschranken ein weltweiter Handel entstünde, der alle Nationen miteinander verbinden und zu Wohlstand führen würde. Auch wenn es noch immer ein großes Nord-Süd-Gefälle gibt und auch innerhalb der Gesellschaften erhebliche Einkommensunterschiede, so ist doch zweifellos in den letzten zweihundert Jahren eine spürbare Verbesserung des Lebensstandards und der Lebenserwartung breiter Schichten der Bevölkerung erreicht worden.

Bei seiner Hoffnung auf die zunehmende Wohlfahrt der Bürger war Smith von dem sehr einfachen aber faszinierenden Gedanken inspiriert, dass der moderne Mensch durch den technischen Fortschritt und

Was nützt uns die Entdeckung von Smith heute?

die Spezialisierung zum ersten Mal in der Geschichte der Menschheit in der Lage sein wird, erheblich mehr Dinge herzustellen, als er selbst verwenden kann. Da dies für alle Individuen gilt, kommt es zu einem noch nie da gewesenen Austausch von Waren aller Art, die das Leben des heutigen Menschen bereichern:

Er versorgt die anderen reichlich mit dem, was sie brauchen, und erhält von ihnen ebenso reichlich, was er selbst benötigt, so dass sich von selbst allgemeiner Wohlstand in allen Schichten der Bevölkerung ausbreitet. [57]

Zitatverzeichnis

1. Adam Smith, Der Wohlstand der Nationen, dtv, 9. Auflage, München 2001, S. 17, im Folgenden zitiert als „Wohlstand"
2. Joseph Alois Schumpeter, Geschichte der ökonomischen Analyse, Vandenhoeck & Rupprecht UTB Verlag, Göttingen 2009, S. 241
3. Wohlstand, S. 272
4. Wohlstand, S. 14
5. Wohlstand, S. 371
6. Wohlstand, S. 282
7. Adam Smith, Theorie der ethischen Gefühle, Leipzig 1926, 2 Bände, Bd. 2, S. 315, im Folgenden zitiert als „Theorie"
8. Theorie, S. 315
9. Wohlstand, S. 601
10. Wohlstand, S. 319
11. Wohlstand, S. 601
12. Wohlstand, S. 601
13. Wohlstand, S. 106
14. Wohlstand, S. 9
15. Wohlstand, S. 9 f.
16. Wohlstand, S. 10.
17. Wohlstand, S. 16 f.
18. Wohlstand, S. 17
19. Wohlstand, S. 17
20. Wohlstand, S. 371 f.
21. Wohlstand, S. 372
22. Wohlstand, S. 372
23. Wohlstand, S. 356
24. Wohlstand, S. 356 f.
25. Wohlstand, S. 283
26. Wohlstand, S. 14
27. Wohlstand, S. 582
28. Wohlstand, S. 51
29. Wohlstand, S. 370 f.
30. Wohlstand, S. 371

31 Wohlstand, S. 371
32 Theorie, S. 1
33 Theorie, S. 127 f.
34 Theorie, S. 128
35 Wohlstand, S. 371
36 Theorie, S. 315
37 Wohlstand, S. 272
38 Wohlstand, S. 582
39 Wohlstand, S. 582
40 Wohlstand, S. 582
41 Wohlstand, S. 282
42 Wohlstand, S. 662
43 Wohlstand, S. 662 f.
44 Wohlstand, S. 612
45 Wohlstand, S. 744
46 Wohlstand, S. 343
47 Wohlstand, S. 343
48 Wohlstand, S. 14
49 Wohlstand, S. 283
50 Wohlstand, S. 646
51 Wohlstand, S. 646
52 Theorie, S. 395 f.
53 Wohlstand, S. 272
54 Wohlstand, S. 59
55 Wohlstand, S. 59
56 Wohlstand, S. 69
57 Wohlstand, S. 14

In dieser Reihe erschienen:

Walther Ziegler
Camus in 60 Minuten
2. Auflage: Juli 2015
84 Seiten, Paperback, € 9,99
ISBN 978-3-7347-8170-4

Walther Ziegler
Freud in 60 Minuten
2. Auflage: Juli 2015
96 Seiten, Paperback, € 9,99
ISBN 978-3-7347-8024-0

Walther Ziegler
Hegel in 60 Minuten
2. Auflage: Juli 2015
128 Seiten, Paperback, € 9,99
ISBN 978-3-7347-8128-5

Walther Ziegler
Heidegger in 60 Minuten
2. Auflage: Juli 2015
108 Seiten, Paperback, € 9,99
ISBN 978-3-7347-8169-8

Walther Ziegler
Kant in 60 Minuten
2. Auflage: Juli 2015
144 Seiten, Paperback, € 9,99
ISBN 978-3-7347-8172-8

Walther Ziegler
Marx in 60 Minuten
2. Auflage: Juli 2015
112 Seiten, Paperback, € 9,99
ISBN 978-3-7347-8154-4

Walther Ziegler
Platon in 60 Minuten
2. Auflage: Juli 2015
112 Seiten, Paperback, € 9,99
ISBN 978-3-7347-8158-2

Walther Ziegler
Rousseau in 60 Minuten
2. Auflage: Juli 2015
112 Seiten, Paperback, € 9,99
ISBN 978-3-7347-2555-5

Walther Ziegler
Sartre in 60 Minuten
2. Auflage: Juli 2015
116 Seiten, Paperback, € 9,99
ISBN 978-3-7347-8156-8

Walther Ziegler
Smith in 60 Minuten
2. Auflage: Juli 2015
100 Seiten, Paperback, € 9,99
ISBN 978-3-7347-8157-5

Große Denker in 60 Minuten

Sämtliche Bücher der Reihe sind auch gebunden als Hardover im gleichen Verlag erschienen.

Demnächst in dieser Reihe:

Walther Ziegler
Adorno in 60 Minuten

Walther Ziegler
Arendt in 60 Minuten

Walther Ziegler
Bacon in 60 Minuten

Walther Ziegler
Descartes in 60 Minuten

Walther Ziegler
Foucault in 60 Minuten

Walther Ziegler
Habermas in 60 Minuten

Walther Ziegler
Hobbes in 60 Minuten

Walther Ziegler
Nietzsche in 60 Minuten

Walther Ziegler
Popper in 60 Minuten

Walther Ziegler
Rawls in 60 Minuten

Walther Ziegler
Schopenhauer in 60 Minuten

Walther Ziegler
Wittgenstein in 60 Minuten

Der Autor:

Dr. Walther Ziegler hat Philosophie, Geschichte und Politik studiert. Als Auslandskorrespondent, Reporter und Nachrichtenchef des Fernsehsenders ProSieben produzierte er Filme auf allen Kontinenten. Seine Reportagen wurden mehrfach preisgekrönt. Seit 2007 bildet er in München junge TV-Journalisten aus und leitet die Medienakademie auf dem Gelände der Bavaria Film, eine Hochschulbildungseinrichtung für Film- und Fernsehstudiengänge. Er ist zugleich Autor zahlreicher philosophischer Bücher. Als langjährigem Journalisten gelingt es ihm, das komplexe Wissen der großen Philosophen spannend und verständlich darzustellen.